Berliner Fußballfieber

AF177759

Alles Digitale zu diesem Buch kann auf der Lernplattform
allango von Ernst Klett Sprachen abgerufen werden. So geht's:

QR-Code scannen	Buchtitel oder ISBN in	Zum Inhalt navigieren,
oder **www.allango.net**	der Suche eingeben und	direkt abrufen
aufrufen	auf das Buchcover klicken	oder speichern

Dieses Symbol bedeutet, dass zu einem Buch-Abschnitt
ein digitaler Inhalt verfügbar ist: **Audios und zusätzliche Arbeitsblätter.**

Detektiv Müller
Berliner
Fußballfieber

Felix & Theo

Ernst Klett Sprachen
Stuttgart

Leichte Lektüren
Deutsch als Fremdsprache
Berliner Fußballfieber *Stufe mittel*

1. Auflage   4 | 2025

Nachfolger von 978-3-12-606471-2 (Berliner Pokalfieber)

Alle Drucke dieser Auflage sind unverändert und können im Unterricht nebeneinander verwendet werden.
Die letzte Zahl bezeichnet das Jahr des Druckes. Das Werk und seine Teile sind urheberrechtlich geschützt. Jede Nutzung in anderen als den gesetzlich zugelassenen Fällen bedarf der vorherigen schriftlichen Einwilligung des Verlags.

Autor und Illustrator: Felix und Theo
Redaktion und Annotationen: Katrin Wilhelm
Unter Mitarbeit von Hannah Blumöhr

Gekürzte Hörfassung gesprochen von Detlev Kügow

Layoutkonzeption: Andreas Drabarek
Gestaltung und Satz: Datagroup Int. SRL, Timisoara, Rumänien
Umschlaggestaltung: Andreas Drabarek
Druck und Bindung: Elanders Waiblingen GmbH, Waiblingen

Printed in Germany
ISBN 978-3-12-675113-1

Inhaltsverzeichnis

Vorstellung der Hauptpersonen

Helmut Müller ist Privatdetektiv. Er hat Probleme mit den neuen Medien – aber er ist lernfähig!

Bea Braun, Sekretärin von Helmut Müller, ist auch lernfähig! Sie lernt in dieser Geschichte eine Menge über Fußball.

Olympiastadion Berlin
Das Olympiastadion Berlin ist ein Sportstadion und wurde 1934 für die Olympischen Spiele gebaut. Von 2000 bis 2005 wurde es umgebaut. 76.000 Zuschauer haben Platz.

SV Werder Bremen und *FC Bayern München* sind deutsche Fußballvereine.

---

8 **Privatdetektiv** Beruf; Person, die ohne die Polizei Ermittlungen macht | 14 **Sekretärin** Beruf, organisiert z.B. die Termine des Chefs

Weitere Personen in der Geschichte

Walter Angermeier ist Kunstmaler mit Zeitproblemen.

Herr Mutschmann ist Chef vom größten Sicherheitsdienst in Berlin.

Kommissar Schweitzer interessiert sich für Fußball und löst manche Fälle in der Halbzeitpause.

Ein Hooligan. Er sucht Ärger und bekommt ihn mit Hilfe der neuen Medien.

---

11 **Hooligan** Fußballfans, die gewalttätig sind

Kapitel 1

„Detektivbüro Müller, Bea Braun am Apparat, was kann ich für Sie tun?"

„Hallo, Bea! Hier ist Walter. Walter Angermeier."

„Der Künstler?"

„Ha, ha! Genau, der Künstler. Ist der Chef da? Ich meine, kann ich Helmut sprechen?"

„Es tut mir leid, Herr Angermeier. Herr Müller hat einen Termin. Er ist erst in einer Stunde wieder zurück. Kann ich etwas ausrichten?"

„Danke, nicht nötig. Ich rufe noch einmal an. Ich habe eine Überraschung für ihn. Tschüs, Bea!"

„Tschüs, Herr Anger ...""

Aber Herr Angermeier hat schon aufgelegt.

Bea Braun sitzt am Computer und rechnet. Das Jahr war schlecht, wenig Aufträge und einige Klienten haben ihre Rechnungen noch nicht bezahlt. Vielleicht bringt Helmut Müller einen Auftrag mit ...

„Hallo, Bea! Na, wie sieht's aus? Sind wir bankrott?"

---

11 **Apparat** *hier:* Telefon | 19 **ausrichten** *hier:* erzählen, Information weitergeben | 26 **Auftrag** *hier:* Arbeit | 26 **Klient** Kunde | 29 **bankrott** pleite, ohne Geld, zahlungsunfähig

Helmut Müller, der Privatdetektiv, kommt ins Büro. Ein freundlicher Mann, Ende vierzig, wenig Haare, ein paar Kilos zu viel. Er lacht.

„Chef, wir brauchen Aufträge! Bankrott sind wir noch nicht, aber wenn das so weitergeht, dann ..."

„Keine Panik, Bea! Ich habe vielleicht einen Auftrag!"

Müller tanzt durch das Büro und schwenkt ein Blatt Papier.

„Firma Mutschmann und Söhne! Firma Mutschmann und Söööhne!"

Helmut Müller tanzt und singt.

---

6 **Panik** Angst, Sorge | 7 **schwenken** etwas hin und her bewegen

„Chef? Geht es Ihnen gut? Was ist los?"

„Die Firma Mutschmann ist der größte Sicherheitsdienst in Berlin! Videoüberwachung in Kaufhäusern, Bodyguards für Prominente und so weiter und so weiter ..."

„Und was sollen wir dort machen? Also ehrlich, Chef, als Bodyguard für VIPs kann ich Sie mir wirklich nicht vorstellen."

„Bea! Für mein Alter und für mein Gewicht bin ich immer noch sportlich. Aber darum geht es nicht. Vielleicht können wir die Firma beraten! Bevor die Firma einen Auftrag ausführt, recherchieren wir. Diskret! Privatdetektiv Müller – diskret und effektiv!"

Müller lacht und tanzt wieder durch das Büro.

„War etwas los, Bea?"

„Nö. Ach doch, Herr Anger..., Anger..., wie heißt er doch gleich ..."

„Angermeier?"

„Richtig! Walter Angermeier hat angerufen. Er meldet sich wieder. Und, Chef, das mit Firma Mutschmann und Söhne, das überlegen wir uns noch mal, ja?"

Aber der Privatdetektiv ist schon in seinem Büro verschwunden.

---

2 **Sicherheitsdienst** eine Firma, die für Sicherheit / keinen Ärger sorgt |
3 **Videoüberwachung** mit Hilfe von Kameras werden die Kunden beobachtet |
4 **Prominente** Stars, bekannte Personen | 9 **beraten** Tipps geben | 10 **diskret** unauffällig | 11 **effektiv** erfolgreich, gut | 14 **Nö** umgangssprachlich Nein

Kapitel 2

Einige Zeit später reißt Helmut Müller seine Bürotür auf und ruft:

„Heute ist mein Glückstag! Erst der Anruf von Mutschmann und jetzt zwei Karten fürs Endspiel!"

„Wie bitte?"

„Fußball, Bea! Das Pokalfinale am Wochenende. Bayern München gegen Werder Bremen im Olympiastadion, und ich bin dabei! Mein alter Freund Walter hat zwei Karten und lädt mich ein. Super!"

Wieder tanzt der Privatdetektiv durchs Büro und singt:

„Mutschmann und Pokal, wo ist mein roter Schal ...“

„Mist! Irgendwo muss er doch sein ...“

Helmut Müller sucht seinen roten Schal. Als Student hat er ein paar Semester in München studiert. Mit seinen Freunden ist er oft zu Spielen des FC Bayern gegangen. Müller mag Bayern und er mag München. Zum Abschied haben ihm seine Freunde einen roten FC-Bayern-Schal geschenkt. Aber wo ist der Schal? Er sucht im Schrank, in der Kommode – kein Schal. Er sucht im Bad, im Flur – nichts. Da sieht er einen alten Karton auf dem Schrank: Müller holt einen Stuhl aus der Küche und klettert auf den Stuhl. Vorsichtig stellt er den Karton auf den Boden und öffnet ihn.

Endlich! Er findet den Schal.

Glücklich wirft er den Schal um den Hals und geht in die Küche. Dort hängt sein Kalender und er markiert den Samstag mit einem roten Stift. 15.30 Uhr, Pokalfinale, Olympiastadion.

---

3 **aufreißen** *hier:* öffnen | 8 **Pokalfinale** Endspiel um den DFB-Pokal. (DFB= Deutscher Fußball-Bund) | 9 **Olympiastadion** Fußballstadion in Berlin | 21 **Kommode** kleiner Schrank | 23 **klettern** *hier:* steigen

Kapitel 3

Am nächsten Morgen steht Helmut Müller sehr früh auf. Er geht zu Fuß ins Büro, obwohl das fast 40 Minuten dauert. Aber er will für das Pokalfinale fit sein.

Er öffnet den Briefkasten. Routine – denn der Privatdetektiv bekommt nie viel Post. Meistens rufen die Klienten an oder schicken ein Fax. Und Bea Braun schreibt fast nur noch E-Mails. Für ihren Chef muss sie die immer ausdrucken. Helmut Müller hasst Computer!

Ein Brief, ohne Briefmarke und Stempel. Vorne steht: „Für Helmut"

Helmut Müller nimmt den Brief mit ins Büro. Zuerst kocht er Kaffee, dann hört er die Mobilbox ab – nichts. Dann öffnet er den Brief:

Lieber Helmut,
leider kann ich am
Samstag nicht mit –
kommen!
Hier sind die Karten.
Viel Spaß! Walter

---

6 **Briefkasten** kleine Box an der Haustür für Briefe | 6 **Routine** etwas, was man sehr oft macht

„Schade!", denkt Müller.

Er legt die Karten auf den Schreibtisch und überlegt, wer ihn am Samstag begleiten könnte.

Felix vielleicht? Aber Felix wohnt jetzt in Spanien und ein Flug nach Berlin ist teuer.

Obwohl ...? Müller macht eine Notiz: „Felix anrufen!"

Aber zuerst muss er ein Konzept für die Firma Mutschmann & Söhne entwickeln. In vier Wochen wird ein neues Einkaufszentrum eröffnet und Firma Mutschmann & Söhne ist für die Sicherheit verantwortlich. Am Nachmittag will er zu dem Einkaufszentrum fahren und den Laden anschauen. Vielleicht hat er eine gute Idee und bekommt den Auftrag.

Er holt den Stadtplan und sucht die Adresse.

„Berlin-Mitte, hier. Aber wo ist die Straße?"

---

1 **schade** leider | 3 **begleiten** *hier:* mit jemanden wohin gehen | 8 **Konzept** Idee, Plan | 9 **entwickeln** *hier:* schreiben, machen

Bevor Müller die Straße gefunden hat, geht die Tür auf und Bea Braun stürmt ins Büro.

„Morgen, Chef! Entschuldigung, bin etwas spät dran, aber die S-Bahn hat wieder mal ...“

„Guten Morgen, Bea. So ein Mist, eben hatte ich sie doch noch ...“

„Wie bitte?“

„Ich suche eine Straße in Berlin-Mitte. Aber hier ist alles so klein geschrieben, dass ich es nicht lesen kann.“

„Geben Sie her, Chef. Ich mach das. Wie heißt die Straße?“

„Leipziger Straße.“

„Hier! Und die Nummer?“

„Keine Ahnung, ist ja noch eine Baustelle. Kommen Sie doch mit! Vier Augen sehen mehr als zwei.“

„Gern. Und was machen wir auf der Baustelle?“

„Recherchieren! Wir müssen ein Konzept für die Kaufhaus-Detektive entwickeln. Wie viele Leute und wo sie besonders aufpassen müssen und so weiter. Und Ausbilden können wir sie auch.“

„Naja, ich weiß nicht. Das ist ein komischer Auftrag.“

„Wieso? Das ist ein prima Auftrag! Wir schauen uns den Laden an, machen ein Konzept, trainieren die Detektive und schicken Mutschmann & Söhne eine Rechnung!“

---

13 **Baustelle** Ort, an dem ein neues Haus gebaut wird | 18 **aufpassen** konzentrieren, aufmerksam sein, genau schauen | 18 **Ausbilden** jemand sagen, wie etwas geht; erklären

Kapitel 4

„Hallo! Hier dürfen Sie nicht rein! Betreten der Baustelle verboten!"

Der Mann hat Baupläne unter dem Arm und einen gelben Schutzhelm auf dem Kopf.

„Meine Name ist Müller. Privatdetektei Müller! Ich suche den Bauleiter."

„Das bin ich. Was wollen Sie hier?"

„Wir sind im Auftrag der Firma Mutschmann & Söhne hier. Sicherheitsplanung!"

„Ach ja, richtig, Herr Mutschmann hat angerufen. Mein Name ist Eggert."

„Guten Tag, Herr Eggert. Das ist meine Mitarbeiterin Bea Braun."

„Tag, Frau Braun. Tja, am besten kommen Sie gleich mit in mein Büro und ich zeige Ihnen die Pläne."

---

3 **betreten** *hier:* auf die Baustelle gehen | 6 **Schutzhelm** Kopfbedeckung | 17 **Bauleiter** *hier:* Chef

„Welche Pläne?" Müller sieht sich um. Überall arbeiten
Handwerker: Maler, Elektriker, Zimmerleute. Eine riesige
Baustelle.

„Im Moment kann man noch nicht viel sehen. Hier entstehen
über vierzig Geschäfte und die genauen Pläne sind im Büro."

An den Wänden hängen viele Pläne. Grundrisse von dem
Gebäude, Grundrisse von den einzelnen Geschäften. Pläne für
die Elektrotechnik, Pläne für die Wasseranschlüsse, Pläne für
alles.

Helmut Müller kann sich nicht vorstellen, dass das
Einkaufszentrum in vier Wochen eröffnet wird.

„Wird das alles fertig bis zur Eröffnung?"

„Ha, ha! Klar! So, hier ist unser Plan."

Bauleiter Eggert holt eine Zeichnung und befestigt sie mit
Nadeln an einer großen Pinnwand.

---

5 **Geschäft** *hier:* Laden | 6 **Grundriss** Zeichnung der Fläche des Gebäudes | 7 **Gebäude**
Haus | 14 **befestigen** festmachen

„Die roten Punkte sind die Videokameras. Die roten Linien sind die Kabel und hier ist der Überwachungsraum.“

„Welcher Überwachungsraum?“

„Der Raum für die Videotechniker. Das ganze Gebäude kann überwacht werden. Jeder Winkel wird kontrolliert. Die Techniker können mit den Kameras zoomen und Fotos machen!“

„Wieso braucht man Fotos?“ Bea Braun blickt ratlos.

„Liebe Frau Braun, das ist die modernste Überwachungsanlage! Wenn die Techniker einen Dieb sehen, zoomen sie auf sein Gesicht, machen ein Foto und schicken das Foto zum Ausgang. Dort ist ein Computerterminal und wenn der Dieb kommt, wird er geschnappt!“

„Und was machen die Kaufhausdetektive?“ Jetzt blickt auch Helmut Müller ratlos.

„Welche Kaufhausdetektive? Ha, ha, Herr Müller! Das ist doch total veraltet. Heute heißen die Kaufhausdetektive Video und Computer. Wir brauchen für den ganzen Laden fünf Mann: Zwei Videotechniker, einen Mann am Terminal und zwei Sicherheitsleute. Das ist alles.“

---

2 **Überwachungsraum** Hier sitzt die Person, die sich die Videos ansieht. | 5 **Winkel** *hier:* Ecke, Raum | 17 **veraltet** nicht mehr aktuell

Kapitel 5

Wütend wirft Helmut Müller den Hörer aufs Telefon.
„So ein Idiot! So ein ...!"
„Was hat Mutschmann gesagt, Chef?" Neugierig sieht Bea
Braun ihren Chef an.
„Wir sollen entlaufene Hunde einfangen. Moderne
Detektivarbeit wird von Computern gemacht. Unser
Detektivbüro ist aus dem letzten Jahrhundert und unsere
Methoden sind veraltet. So ein Idiot!"

![Cartoon: Helmut Müller sitzt niedergeschlagen mit dem Kopf in der Hand, im Hintergrund steht Bea Braun.]

---

4 **Idiot** Schimpfwort, dummer Mensch | 9 **aus dem letzten Jahrhundert** 1900-2000

„Ich hatte gleich ein komisches Gefühl bei diesem Auftrag. Sicherheitskonzept und so, das ist nicht unser Geschäft, Chef. Wir sind noch richtige Detektive!"

„Klar! Aber er hat recht! Die moderne Technik macht uns arbeitslos."

„Chef! Nicht den Kopf hängen lassen. Wir bekommen auch andere Aufträge!"

„Ach, Bea. Das ist gut gemeint, aber vielleicht sind unsere Methoden ja wirklich veraltet?"

Helmut Müller steht auf, nimmt seine Jacke von der Garderobe und sagt:

„Ich habe keine Lust mehr. Schluss für heute. Ich gehe nach Hause!"

„O.k., Chef. Ich schreibe noch ein paar Mahnungen. Morgen sieht die Welt ganz anders aus!"

Müller steht an der Tür.

„Bea? Haben Sie Lust, am Samstag mit mir zum Pokalfinale zu gehen?"

„Finale? Eishockey? Volleyball? Basketball?"

„Fußball, Bea. Fußball. Zweiundzwanzig Männer und ein Ball. FC Bayern gegen Werder Bremen, kommen Sie mit?"

„Klar! Super! Ich war noch nie bei einem Fußballspiel!"

---

2 **Geschäft** *hier:* Arbeit | 6 **Nicht den Kopf hängen lassen**. *hier:* nicht traurig sein | 14 **Mahnung** Erinnerung an unbezahlte Rechnungen

Kapitel 6

Helmut Müller und Bea Braun sitzen an Bea Brauns Schreibtisch im Büro. Helmut Müller zeichnet.

„Also so sieht ein Spielfeld aus. Das ist die Mitte. Hier gibt es den Anstoß. Und hier sind die Tore. Jede Mannschaft versucht den Ball in das Tor des Gegners zu schießen. Und wer die meisten Tore geschossen hat, ist Sieger."

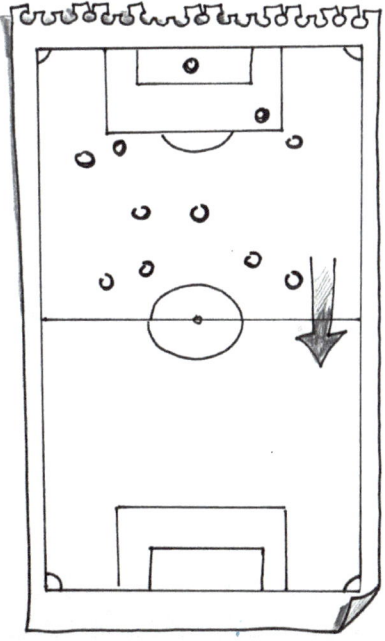

„Eigentlich ganz einfach!"

„Im Prinzip schon. Und alles andere kann ich ja beim Spiel erklären."

Bea Braun betrachtet die Zeichnung.

„Wie groß ist so ein Spielfeld, Chef?"

„Naja, so hundert Meter lang."

„Und die Spieler rennen dauernd hin und her?"

„Nicht alle. Der Tormann bleibt immer im Tor. Die Verteidiger bleiben im Strafraum und die Stürmer rennen zum Tor der anderen Mannschaft. Fußball ist Leistungssport und Taktik!"

„Detektivarbeit auch! Gucken Sie mal, Chef. Ich habe gestern die Mahnungen geschrieben. So schlecht sind unsere Chancen gar nicht …"

„Zeigen Sie mal, Bea."

Müller liest die Mahnungen. Vier Mandanten haben noch nicht bezahlt.

„Chef?"

Müller legt seine Brille weg und sieht Bea Braun an.

„Chef, was zieht man zu einem Fußballspiel an?"

Müller lacht. „Als Spieler oder als Zuschauer?"

„Als Zuschauer natürlich!", lacht Bea Braun.

„Nichts Besonderes. Bequeme Kleidung. Jeans, Pullover oder so. Das Stadion wird bestimmt voll und da gibt es immer Gedränge! Haben Sie einen roten Schal?"

„Wozu einen roten Schal?"

„Rot ist die Farbe des FC Bayern! Ich bin ein Fan des FC Bayern. Und Fans tragen die Farben ihres Vereins."

„Und welche Farbe hat der SV Werder Bremen?"

„Grün!"

„Ich glaube, ich habe einen grünen Schal …"

„Bea!"

---

5 **Verteidiger** Spieler, der Tore des Gegner verhindern soll | 6 **Strafraum** Bereich vor dem Tor, durch eine Linie gekennzeichnet | 6 **Stürmer** Spieler, der Tore schießen soll | 13 **Mandant** Kunde | 22 **Gedränge** Es sind viele Menschen da.

Kapitel 7

„Mensch, wo bleibt sie denn? Frauen kommen immer zu spät!"

Helmut Müller wartet an der S-Bahn-Station Zoo. Er kommt sich ein bisschen komisch vor mit dem roten FC-Bayern-Schal.

„Bea? Bea! Wie sehen Sie denn aus?"

Bea Braun trägt eine grüne Jeans, einen grünen Pullover und um den Hals einen grünen Schal.

„Ich mag Bremen, Chef! Sie sind für Bayern und ich bin für Bremen. O.k.?"

„Klar, schon gut. Kommen Sie, wir müssen uns beeilen, es ist schon halb zwei!"

„Wann beginnt das Spiel?"

„Um halb vier, aber wir müssen ja noch ein Bier trinken und Bratwurst essen, das ist genauso wichtig wie das Spiel!", erklärt Müller.

„Also los! Werder! Werder!"

„Bea!"

Die beiden fahren mit der Rolltreppe ins Untergeschoss.

Auf dem Bahnsteig stehen viele Fans. FC-Bayern-Fans und Werder-Bremen-Fans. Und viele Polizisten.

Die Fans von Bayern rufen: „Was ist grün und stinkt nach Fisch? Weeerder Breeemen!"

Und die Fans von Werder rufen: „Zieht den Bayern die Lederhosen aus!"

„Chef, spielen die Bayern in Lederhosen?"

---

21 **Rolltreppe** eine Art Aufzug | 27 **Lederhose** traditionelle Kleidung für Männer in Bayern

die Lederhose

„Quatsch, das singen die nur so. Die Fans ...“

In diesem Moment fliegt eine Bierflasche knapp vor Müller auf den Bahnsteig. Die Flasche zerbricht und überall liegen Scherben.

„Idiot!“, ruft Müller einem Jugendlichen zu, der bei den Bremer Fans steht.

---

16 **Quatsch** *hier:* nein | 28 **zerbrechen** kaputt gehen | 29 **Scherben** kleine Stücke Glas

Ein paar Polizisten gehen zu der Gruppe und die Jugendlichen laufen zur anderen Seite des Bahnsteigs.

Endlich kommt die S-Bahn.

Die Polizisten passen auf, dass die Fan-Gruppen in getrennte Waggons einsteigen.

In dem Waggon von Bea Braun und Müller sind keine Fans. Die Leute betrachten die beiden amüsiert.

„Chef, ist die Stimmung hier immer so aggressiv?"

„Nein! Das sind nur so ein paar Idioten. Die meisten wollen eben, dass ihre Mannschaft gewinnt, aber ..."

Helmut Müller ist immer noch erschrocken.

„Aber?", fragt Bea Braun.

„Aber ein paar Fanatiker gibt es überall."

„Fan kommt also von Fanatiker?", will Bea Braun wissen.

„Kann schon sein, ich weiß nicht so genau."

---

5 **Waggon** Abteile/Teile eines Zuges | 13 **Fanatiker** jemand, der von einer Meinung sehr überzeugt ist

Kapitel 8

Sie sind angekommen. Zusammen mit 70.000 anderen Zuschauern gehen sie zum Olympiastadion. Überall sind Fans.
5 Sie schwenken Fahnen und Transparente. Die meisten lachen und singen.

„Oh, da vorne gibt es einen Stau! Das dauert ja ewig, bis wir ins Stadion kommen. Los, Bea, wir gehen über den Busparkplatz."

„Sie kennen sich ja gut aus, Chef. Sind Sie jeden Samstag im
10 Stadion?"

Bea Braun kichert und folgt Helmut Müller zum Busparkplatz.

Der Privatdetektiv nimmt Bea Braun an der Hand und zusammen laufen sie durch die Reihen der geparkten Busse.
15 Viele haben das Kennzeichnen „M": Fanbusse aus München.

„He, du! Moment mal!"

Ein Jugendlicher kniet am Boden, mit einem Messer sticht er in die Reifen. Im Bus hängt ein Plakat: „FC Bayern – Rekordmeister!"

20 „He!"

„Vorsicht, Chef!", ruft Bea Braun und zieht Helmut Müller an seiner Jacke hinter den Bus.

In diesem Moment zerbricht eine Fensterscheibe und im Bus fängt es an zu brennen.

25 „Das war ein Molotow-Cocktail! Weg hier!", schreit Müller und will um den Bus herumrennen. Da stößt er mit einem zweiten Jugendlichen zusammen.

„He, dich kenn ich doch! Du warst doch vorhin in der U-Bahn und hast die Flasche auf mich geworfen."

---

5 **Fahne** Flagge | 5 **Transparent** Plakat | 17 **knien** Die Knie sind am Boden. Man steht nicht. | 25 **Molotow-Cocktail** eine mit Benzin gefüllt Flasche, die geworfen wird | 26-27 **zusammenstoßen** gegeneinander laufen

Müller will den Jugendlichen festhalten, aber der tritt ihm mit seinen Stiefeln gegen das Knie, schlägt ihm ins Gesicht und läuft davon.

Müller stürzt zu Boden. Sein Knie tut weh.

Im selben Moment zerbricht im Bus daneben auch eine Scheibe.

Aus beiden Bussen kommt Rauch – und Feuer!

Schnell wird der Rauch dichter. Müller verliert die Orientierung.

„Ihr Idioten! Hilfe! Bea, Hilfe! Ich bin hier!"

Müller hustet, der Rauch brennt in den Augen.

„Hilfe!"

Zwei Hände packen seine Jacke und ziehen.

„Sind Sie verletzt? Kommen Sie, Chef! Wir müssen hier weg!"

Bea Braun hat ihren Schal um den Mund gewickelt und versucht Müller zwischen den beiden Bussen rauszuziehen. Die Hitze wird immer stärker.

Nach ein paar Minuten haben sie es geschafft.

Der Privatdetektiv sitzt völlig erschöpft am Boden und hustet.

Bea Braun zieht ihren Schal aus und spricht in ihr Handy:

„Ja, auf dem Busparkplatz. Beeilen Sie sich! Zwei Busse brennen!"

Bea Braun steckt ihr Handy ein.

„Feuerwehr und Polizei kommen gleich. Chef, Sie bluten ja!"

„Ach, das ist nichts. Diese Idioten! Die machen den Fußball kaputt. Scheißtypen!"

---

7 **Rauch** graue Wolke, die bei einem Feuer ensteht | 8 **die Orientierung verlieren** Er weiß nicht mehr, wo er ist. | 12 **brennen** *hier:* weh tun | 30 **Scheißtypen** Schimpfwort

„Sollen wir auf die Feuerwehr warten oder gehen wir ins Stadion?" Bea Braun gibt Müller ein Taschentuch. Er wischt sich das Blut von der Lippe.

„Ich hab keine Lust mehr auf das Fußballspiel. Helfen Sie mir, Bea."

Helmut Müller nimmt Bea Brauns Arm und hinkt über den Parkplatz.

„Wohin gehen wir, Chef? Es ist gleich drei Uhr, und das Stadion ist da hinten ..."

„Taxi! Taxi!"

---

2 **wischen** *hier:* die Lippe sauber machen | 6 **hinken** schlecht/ langsam gehen

Kapitel 9

Bea Braun und Helmut Müller sitzen vor dem Fernseher. Müllers rechtes Knie ist bandagiert und an seiner Lippe klebt ein Pflaster. Auf dem Tisch stehen zwei Flaschen Bier. Bea Braun isst Pommes frites mit viel Ketchup. Müller beißt in seine dritte Bratwurst.

„Ja! Jetzt! Gib ab, Mann! Oh Mann!"

Ein Stürmer des FC Bayern schießt am Tor vorbei. Das Spiel steht 0:0.

„Gleich ist Halbzeit. Dann hole ich uns noch ein Bier. O.k., Chef?"

---

4 **bandagiert** Er hat einen Verband. | 11 **Halbzeit** Pause nach 45 Minuten

„Klar. Das … - Moment mal! Das ist er! Da, das ist er!"

„Wer?"

„Der Idiot! Der Hooligan! Der Typ, der die Molotow-Cocktails geworfen hat!"

Die Kamera zeigt eine Gruppe von Fans im Stadion.

„Da! Genau, das ist er! Wo ist mein Telefon? Und meine Jacke!"

Bea Braun rennt in den Flur und bringt das Telefon und die Jacke.

Schnell sucht Müller in seiner Jacke das Adressbuch.

„Schweitzer, hallo!"

„Guten Tag, Frau Schweitzer. Hier ist Müller, Privatdetektiv Müller. Kann ich Ihren Mann sprechen?"

„Oh, ich glaube nicht ... . Er hat einen Termin, er kann im Moment nicht ..."

„Bitte, Frau Schweitzer! Es ist wichtig und dringend!"

„Moment mal, bitte."

Müller hört leises Flüstern im Telefonhörer.

„Ach, der Privatdetektiv. Was ist denn so dringend, dass Sie mich zu Hause stören? Heute ist das Pokalfinale! Im Moment ist Pause, aber in zehn Minuten beginnt die zweite Halbzeit. Also, was ist los?"

„Genau darum geht es, Herr Kommissar!"

Müller erzählt Kommissar Schweitzer die Geschichte von den Bussen und den Molotow-Cocktails.

Zehn Minuten später sitzen Bea Braun und Helmut Müller wieder vor dem Fernseher und warten auf den Beginn der zweiten Halbzeit.

---

8 Flüstern leises Sprechen | **14 Kommissar** Beruf, Polizist

„Sehr geehrte Fernsehzuschauer, gleich kommen die beiden Mannschaften wieder auf das Spielfeld. In wenigen Augenblicken beginnt die zweite Halbzeit ...“

Die Fernsehkamera schwenkt über das Spielfeld, durch das Stadion und hält vor einem Zuschauerblock. Polizisten umstellen den Block. Einige Polizisten gehen in den Block und nehmen einen jungen Mann mit.

„Sie haben ihn!“, ruft Müller aufgeregt.

„Das ging aber schnell! Wie haben die das so schnell gemacht, Chef?“

„Tja, liebe Bea. Das ist die moderne Technik. Kamerazoom, Standbild, Ausdruck und fertig ist das Fahndungsfoto. Video und Computer heißen heute die modernen Detektive! Und die Detektivbüro Müller & Co. ist voll dabei, Prost!“

Übungen und Tests zu den Kapiteln

Charaktere beschreiben
Verdächtige finden
Ein Protokoll verfassen
Einen Bericht schreiben
Vokabelliste erarbeiten

1. Was erfahren Sie über das Detektivbüro Müller? Notieren Sie.

Wer arbeitet dort? In welcher Funktion?
Wie ist die Auftragslage (zu Beginn – was ändert sich)?

Personen	Beruf	Auftragslage

2. Warum sucht Helmut Müller seinen roten Schal?
Wo sucht er ihn?

1 Er sucht ihn im Schrank.
2 ...

Wo findet er ihn schließlich? ....

3. Was wissen Sie über die Firma Mutschmann & Söhne?
Kreuzen Sie an.

Mutschmann und Söhne ○ ist ein Einkaufszentrum.
○ ist ein Videoverleih.
○ ist ein Sicherheitsdienst.

Helmut Müller ○ soll bei Mutschmann Bodyguard
werden.
○ soll ein Konzept für den
Sicherheitsdienst entwickeln.
○ soll ein Einkaufszentrum
eröffnen.

Das Einkaufszentrum ○ ist schon sehr alt.
○ ist noch nicht fertig.
○ ist vor 4 Wochen eröffnet worden.

4. Was ist richtig? Was ist falsch? Kreuzen Sie an.

	Richtig	Falsch
Der Bauleiter heißt Herr Mutschmann.	☐	☐
Auf einer Baustelle arbeiten Maler, Elektriker und Zimmerleute.	☐	☐
Mit Videokameras kann man das ganze Gebäude überwachen.	☐	☐
Für ein Kaufhaus braucht man mindestens vier Sicherheitsleute.	☐	☐

Überlegen Sie: Wo sind Videokameras am sinnvollsten?
○ in den Ecken
○ auf dem Tisch
○ unter den Umkleidekabinen
○ in den Regalen

5. - 6. Beantworten Sie folgende Fragen. Notieren Sie die Antworten.
Warum ist Helmut Müller so wütend?

....

....

Warum muss Bea Braun Mahnungen schreiben?

....

....

Welche Farbe wird dem FC Bayern zu geordnet, welche Farbe wird dem SV Werder Bremen zu geordnet?

....

....

Bea Braun versteht nichts von Fußball. Trotzdem will Helmut Müller sie mit zum Pokalfinale nehmen. Er erklärt ihr das Spiel. Können Sie eine Sportart genau erklären? Sie können auch eine Zeichnung dazu machen.

So sieht ... aus.
Das ist/sind ...
Die Spieler müssen/können/dürfen (nicht) ...

....

....

....

....

....

....

....

....

....

....

....

....

....

....

7. Am S-Bahnhof gibt es ein großes Gedränge – die Lage ist ziemlich unübersichtlich. Lesen Sie Abschnitt 7 noch einmal und verschaffen Sie sich einen Überblick: Ordnen Sie die Ereignisse zeitlich.

Arbeitsanweisung

a Die Polizisten dirigieren die Bayern-Fans und die Werder-Fans in verschiedene Waggons.

c Bea kommt zur S-Bahn-Station.

d Ein Werder-Fan wirft Müller eine Bierflasche vor die Füße.

b Bea und Müller fahren mit der Rolltreppe auf den Bahnsteig.

e Müller wartet am S-Bahnhof auf Bea.

f Auf dem Bahnsteig stehen viele Fans vom FC Bayern und von Werder Bremen.

1	2	3	4	5	6

dirigieren durch Anweisungen in eine bestimme Richtung leiten

8. Bea Braun reagiert sehr schnell, als es auf dem Parkplatz gefährlich wird.
Versetzen Sie sich in Bea Brauns Lage und informieren Sie die Polizei per Handy.

9. Was gehört zusammen? Ordnen Sie und fassen Sie die Ereignisse des letzten Abschnitts kurz zusammen.

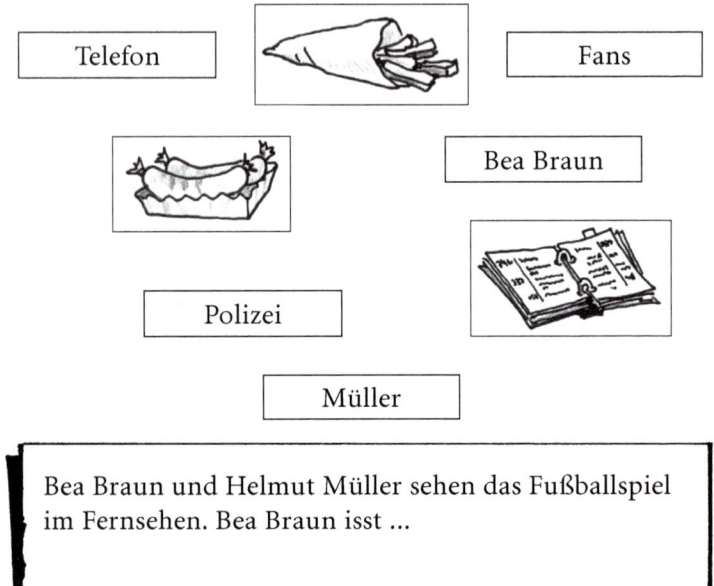

Telefon

Fans

Bea Braun

Polizei

Müller

Bea Braun und Helmut Müller sehen das Fußballspiel im Fernsehen. Bea Braun isst ...

1. - 9. Was geschah wann? Ordnen Sie die Sätze in der richtigen zeitlichen Reihenfolge.

	Müller telefoniert mit Kommissar Schweitzer.
	Helmut Müller hat einen neuen Auftrag.
	Eine Bierflasche zerbricht vor Helmut Müller und Bea Braun.
	Der Privatdetektiv findet die Eintrittskarten im Briefkasten.
	Helmut Müller erklärt Bea Braun die Regeln beim Fußball.
	Helmut Müller sucht seinen roten Schal.
	Der Privatdetektiv besichtigt die Baustelle.
	Eine Scheibe im Bus zerbricht.
	Bea Braun schreibt Mahnungen.

Lösungen zu den Übungen

1. Was erfahren Sie über das Detektivbüro Müller?
Wer arbeitet dort? In welcher Funktion? Wie ist die
Auftragslage (zu Beginn - was ändert sich)?

Personen	Beruf	Auftragslage
Helmut Müller	Detektiv	wenige
Bea Braun	Sekretärin	Helmut Müller hat einen neuen Auftrag von Mutschmann & Söhne.

**2. Warum sucht Helmut Müller seinen roten Schal? Wo sucht
er ihn?**
Er sucht seinen Schal, weil er zu einem Fußballspiel seiner
Lieblingsmannschaft geht.
Er sucht im Schrank.
Er sucht in der Kommode.
Er sucht im Bad.
Er sucht im Flur.

Wo findet er ihn schließlich?
Schließlich findet er den Schal in einer Kiste, die auf dem
Schrank stand.

3. Was wissen Sie über die Firma Mutschmann & Söhne?
Mutschmann und Söhne - ist ein Sicherheitsdienst.
Helmut Müller - soll ein Konzept für den Sicherheitsdienst
entwickeln.
Das Einkaufszentrum - ist noch nicht fertig.

4. Was ist richtig? Was ist falsch? Kreuzen Sie an.

Der Bauleiter heißt Herr Mutschmann.   falsch

Auf einer Baustelle arbeiten Maler, Elektriker und
Zimmerleute.   richtig

Mit Videokameras kann man das ganze Gebäude
überwachen.   richtig

Für ein Kaufhaus braucht man mindestens vier
Sicherheitsleute.   falsch

Wo sind Überwachungskameras am sillvollsten?
- ✓ in den Ecken der Räume
- ○ auf dem Tisch
- ○ unter den Regalen
- ○ in den Umkleidekabinen

**5. - 6. Bea Braun versteht nichts vom Fußball. Trotzdem will
Helmut Müller sie mit zum Pokalfinale nehmen. Er erklärt
ihr das Spiel. Können Sie eine Sportart genau erklären?**
(Lesen Sie hier ein Beispiel.)

Fußball ist eine Sportart mit Ball. Man spielt sie in der
Mannschaft. In jeder Mannschaft gibt es 10 Spieler und einen
Torwart. Es werden Tore geschoßen, das heißt der Ball muss in
das Tor des Gegners.

Warum ist Helmut Müller so wütend?
*Detektiv Helmut Müller hat Angst, dass moderne Detektivarbeit
nur noch von Computern gemacht wird. Er ärgert sich über die
Kritik von Herrn Mutschmann.*
Warum muss Bea Braun Mahnungen schreiben?
*Einige Klienten von Helmut Müller haben ihre Rechnungen
nicht bezahlt.*
Welche Farbe wird dem FC Bayern zu geordnet, welche Farbe
wird dem SV Werder Bremen zu geordnet?
*Die Farbe des FC Bayerns ist rot. Die Farbe des SV Werder
Bremen ist grün.*

7. Am S-Bahnhof gibt es ein großes Gedränge - die Lage ist ziemlich unübersichtlich. Lesen Sie Kapitel 7 noch einmal und verschaffen Sie sich einen Überblick: Ordnen Sie die Ereignisse zeitlich.
e - c - b - f - d - a

8. Bea Braun reagiert sehr schnell, als es auf dem Parkplatz gefährlich wird. Versetzen Sie sich in Bea Brauns Lage und informieren Sie die Polizei per Handy.
Wo? *auf dem Busparkplatz vor dem Fußballstadion*
Wann? *vor dem Spiel*
Wer? *Bea Braun*
Was? *zwei Busse brennen*

9. Was gehört zusammen? Ordnen Sie und fassen Sie die Ereignisse des letzten Abschnitts kurz zusammen.
Bea Braun und Helmut Müller sehen das Fußballspiel im Fernsehen. Bea isst Pommes frites und Müller beißt in seine dritte Bratwurst. Sie sehen die Fans im Stadion und erkennen den einen Täter wieder. Bea holt das Telefon. Helmut Müller sucht sein Adressbuch. Dann ruft Helmut Müller die Polizei.

1. - 9. Was geschah wann? Ordnen Sie die Sätze in der richtigen zeitlichen Reihenfolge.

9	Müller telefoniert mit Kommissar Schweitzer.
1	Helmut Müller hat einen neuen Auftrag.
7	Eine Bierflasche zerbricht vor Helmut Müller und Bea Braun.
3	Der Privatdetektiv findet die Eintrittskarten im Briefkasten.
6	Helmut Müller erklärt Bea Braun die Regeln beim Fußball.
2	Helmut Müller sucht seinen roten Schal.
4	Der Privatdetektiv besichtigt die Baustelle.
8	Eine Scheibe im Bus zerbricht.
5	Bea Braun schreibt Mahnungen.